Karl Kraus

DU MÊME AUTEUR

AUX ÉDITIONS ALLIA

Paris, capitale du XIXe siècle

L'Œuvre d'art à l'époque de sa reproductibilité technique

Petite Histoire de la photographie

Écrits radiophoniques

Rue à sens unique

WALTER BENJAMIN

Karl Kraus

Traduit de l'allemand par

MARION MAURIN & ANTONIN WISER

IDEM • VELLE

AC • IDEM • NOLLE

ÉDITIONS ALLIA

16, RUE CHARLEMAGNE, PARIS IVe

2018

TITRE ORIGINAL

Karl Kraus

Le présent texte a paru pour la première fois en quatre livraisons dans la *Frankfurter Zeitung*, en mars 1931.

À Gustav Glück

I

HOMME UNIVERSEL

Comme tout devient bruyant.
Karl Kraus, *Worte in Versen II*

SUR d'anciennes gravures, on voit un messager qui accourt, les cheveux en bataille, brandissant une feuille remplie de guerre et de pestilence, de cris de mort et de souffrance, d'incendies et d'inondations – clamant à pleine gorge et répandant en tous lieux les "Dernières Nouvelles". C'est à ce genre de journal, au sens du mot chez Shakespeare, qu'appartient *Die Fackel*. Il est truffé de trahisons, cataclysmes, poison et incendies en provenance du *mundus intelligibilis*. La haine avec laquelle il s'acharne contre la presse, cette engeance qui grouille à perte de vue, est plus vitale que morale, semblable à celle que l'aïeul voue à la branche dégénérée des petits fripons issus de sa propre descendance. Le simple nom d'"opinion publique" suffit à lui faire froid dans le dos. Les opinions sont affaire privée. Le public ne s'intéresse qu'à juger. Il est juge ou n'est pas. Or c'est justement le rôle de l'opinion publique fabriquée par la presse que de dépouiller le public de sa capacité de juger, de lui suggérer l'attitude de l'ignorant et de l'irresponsable. Que valent en effet les informations les plus précises des quotidiens au regard de l'exactitude terrifiante avec laquelle *Die Fackel* décrit des faits juridiques, linguistiques et politiques ? Il n'a que faire de l'opinion publique. Car les nouvelles sanglantes de ce "journal" réclament une sentence. Et contre nul autre avec autant d'urgence et de véhémence que contre la presse elle-même.

Une haine comme celle que Kraus voue aux journalistes ne saurait en aucun cas s'expliquer simplement par leurs actes, aussi blâmables soient-ils ; cette haine doit avoir des racines dans leur être, peu importe que le sien y soit apparenté ou opposé. Il est en réalité aussi bien l'un que l'autre. Dans le dernier portrait en date du journaliste, celui-ci est décrit dès les premières lignes comme "quelqu'un qui n'attache que peu d'intérêt à soi et à son existence, comme à la simple existence des choses, mais qui ressent ces choses uniquement dans leurs relations, en particulier lorsqu'elles se cristallisent en un événement – et qui, à ce moment seulement, gagne son unité, son être et sa vie propres."[1]

1. Peter Suhrkamp, "Der Journalist", in O. von der Gablentz et C. Mennicke (éd.), *Deutsche Berufskunde. Ein*

Ce que cette phrase nous donne à voir est le négatif exact de l'image de Kraus. En effet, qui d'autre que lui aura fait preuve d'un intérêt plus vif pour soi-même et sa propre existence – un sujet dont jamais il ne s'écarte –, qui d'autre se sera montré aussi attentif à la simple existence des choses et à leur origine, qui d'autre aura été plongé dans une telle détresse par la collision d'un événement avec une date, un témoin oculaire ou un appareil photo ? Il a fini par jeter toutes ses forces dans le combat contre la phraséologie, expression verbale de l'arbitraire avec lequel l'actualité, dans le journalisme, s'arroge un pouvoir sur les choses.

L'œuvre de son compagnon de lutte Adolf Loos éclaire au mieux cet aspect de son combat contre la presse. Loos rencontra ses adversaires providentiels dans le groupe des artisans décorateurs et architectes des *Wiener Werkstätte*[1] qui s'efforçaient de faire naître une nouvelle industrie de l'art. Il consigna ses mots

Querschnitt durch die Berufe und Arbeitskreise der Gegenwart, Leipzig, Bibliographisches Institut, 1930, p. 383. (Toutes les notes sont des traducteurs.)

1. Association fondée à Vienne en 1903 par Josef Hoffmann et Koloman Moser et qui réunit jusqu'en 1932 des architectes, des designers et des artisans autour d'un projet conjuguant beaux-arts et arts appliqués.

d'ordre dans de nombreux essais, notamment dans "Ornement et crime"[1], paru en 1908 dans la *Frankfurter Zeitung* et dont la formulation fait date. L'éclair lumineux qui s'alluma dans cet article décrivait un tracé en zigzag des plus singuliers : "En lisant Goethe, qui blâme la façon dont les béotiens et certains connaisseurs d'art tâtent les gravures sur cuivre et les reliefs, il comprit que ce qui est fait pour être touché ne saurait être une œuvre d'art, tandis que l'œuvre d'art doit se soustraire au toucher."[2] En conséquence, la première préoccupation de Loos fut de distinguer l'œuvre d'art de l'objet utilitaire, tout comme Kraus eut avant tout à cœur de tracer la frontière entre information et œuvre d'art. Au fond, le journaleux et l'ornemaniste ne font qu'un. Kraus n'eut de cesse de dénoncer en Heine un ornemaniste brouillant les limites entre journalisme et poésie, l'inventeur du feuilleton en vers et en prose ; et alla plus tard jusqu'à mettre Nietzsche dans le même panier, pour avoir trahi l'aphorisme en

1. Trad. fr. : *Ornement et crime, et autres textes*, trad. Sabine Cornille et Philippe Ivernel, Paris, Payot & Rivages, 2015.
2. Ce passage ne se trouve pas dans "Ornement et crime" d'Adolf Loos, mais est cité de Franz Glück dans *Adolf Loos. Das Werk des Architekten*, Heinrich Kulka (éd.), Vienne, Schroll, 1931.

le livrant à l'impression. "Je suis d'avis, dit-il de ce dernier, qu'il a encore ajouté la psychologie à ce mélange d'éléments [...] issus de la dissolution des styles européens du demi-siècle passé, et que le niveau de langue qu'il a créé est celui de l'essayisme, tout comme Heine a créé celui du feuilletonisme."[1] Les deux formes apparaissent comme les symptômes de cette maladie chronique dont toutes poses et attitudes orientent la courbe de température: l'*inauthenticité*. Son combat contre la presse est né de la traque de l'inauthentique. "À qui donc doit-on cette excuse énorme: être capable de ce que l'on n'est pas?"[2]

À la phraséologie. Or il s'agit d'un rejeton de la technique. "L'appareil journalistique, tout comme l'usine, exige travail et débouchés. Il faut, à des moments précis de la journée (deux, voire trois fois par jour pour les plus grands journaux), préparer un certain volume de travail à fournir aux machines. Mais pas à partir de n'importe quel matériau: tout ce

1. Karl Kraus, "Vom Niveau der Sprache", *Die Fackel*, n° 577-582, novembre 1921, p. 62.
2. Karl Kraus, cité in Leopold Liegler, *Karl Kraus und sein Werk*, Vienne, Richard Lányi, 1920, p. 205. Information donnée dans Walter Benjamin, *Gesammelte Schriften*, t. II, 3, Francfort/Main, Suhrkamp, 1977, p. 1127.

qui, entre-temps, s'est déroulé quelque part, dans n'importe quel domaine de la vie, de la politique, de l'économie, de l'art, etc., doit être absorbé puis recevoir un traitement journalistique."[1] Ou bien, selon la formule brillante et lapidaire de Kraus : "Voilà qui devrait mettre en lumière le fait que la technique est absolument incapable de construire une phraséologie nouvelle mais laisse l'esprit de l'humanité dans un état tel qu'il ne peut se passer de l'ancienne. De cette dualité entre une vie transformée et une forme de vie dont on ne peut se défaire, naissent et croissent les maux du monde."[2] Kraus noue ici en un tour de main le lien qui rattache la technique à la phraséologie. Naturellement, le nœud se défait en suivant une autre boucle, selon laquelle le journalisme exprime parfaitement la fonction transformée du langage à l'apogée du capitalisme.

1. Peter Suhrkamp, "Der Journalist", *op.cit.*, p.386.
2. Karl Kraus, *Nachts* (1924), in *Schriften in* 12 *Bände*, t. 8 : *Aphorismen,* édité par Ch. Wagenknecht, Francfort/Main, Suhrkamp, 1986, p.440. Les volumes de cette édition seront dorénavant cités ainsi : titre du volume, suivi de *S*1-12 entre parenthèses. Nous proposons ici notre propre traduction de cet extrait, mais ce texte est disponible en français : Karl Kraus, *La Nuit venue*, trad. Roger Lewinter, Paris, G. Lebovici, 1986.

La phraséologie que Kraus traque sans relâche est un label sous lequel on commercialise la pensée, tout comme les fleurs de rhétorique, en tant qu'ornements, lui confèrent sa valeur aux yeux de l'amateur. Or c'est précisément pour cette raison que la libération du langage et celle de la phraséologie – leur transformation, depuis les techniques d'impression, en instrument de production – sont devenues identiques. *Die Fackel* en comprend lui-même des modèles, à défaut d'en contenir déjà la théorie. Ses formules sont de celles qui lient, jamais de celles qui délient. Son approche des phénomènes mêle à des accents bibliques un regard qui fixe avec insistance les indécences de la vie viennoise. Il ne se contente pas de prendre l'humanité à témoin face aux agissements répréhensibles d'un garçon de café, il se met en devoir de tirer les morts de leur tombe. – À juste titre. Car dans la profusion mesquine et embarrassante de ces scandales qui éclaboussent à Vienne les cafés, la presse et la société, s'annonce discrètement une prescience qui, deux mois après l'éclatement de la guerre et plus vite qu'on ne pouvait s'y attendre, en revient subitement à son objet premier, le seul véritable, afin de l'appeler par son nom dans le discours intitulé "En cette grande époque", où ce possédé lâche tous les démons qui l'habitent sur le troupeau de porcs que sont ses contemporains.

"En cette grande époque, que j'ai connue alors qu'elle était encore petite et qui le redeviendra si on lui en laisse le temps ; en cette époque que l'on préfère qualifier, puisqu'une telle transformation est impossible dans le domaine de la croissance organique, de lourde et à vrai dire de pesante ; en cette époque où advient justement ce que nous ne pouvions concevoir et où ce que nous ne pouvons plus *imaginer* doit *se produire*, et le pourrait-on, cela ne se produirait pas ; en cette époque grave, que l'idée de devenir grave un jour faisait mourir de rire ; qui, surprise par son propre tragique, languit après les distractions et qui, se prenant elle-même en flagrant délit, cherche ses mots ; en cette époque assourdissante où retentit l'effroyable symphonie des actes engendrant des communiqués, et des communiqués responsables des actes : en cette époque-ci, n'attendez de moi aucune déclaration personnelle. Aucune, hormis la présente, qui préserve justement le silence de toute fausse interprétation. J'ai trop de respect pour l'immuable, la subordination du langage au malheur. Dans les contrées désertées par l'imagination, où l'homme succombe à la famine spirituelle sans même que son âme ait ressenti la faim, où les plumes trempent dans le sang et les épées dans l'encre, il faut faire ce que personne ne conçoit, tandis que ce que l'on se borne à concevoir reste indicible. N'attendez de moi aucune parole. Je serais tout aussi incapable de dire quoi que ce soit de nouveau : trop de vacarme résonne dans la pièce où l'on écrit, et il n'est pas encore temps de se prononcer quant à leur provenance : animaux, enfants ou seulement mortiers. Celui qui encourage l'acte outrage à la fois l'acte et la parole, et mérite à ce titre doublement le mépris. La profession qui sert de telles pratiques n'a pas disparu. Ceux qui désormais n'ont rien à dire parce que la parole revient à l'acte continuent de parler. Que celui qui a quelque chose à dire s'avance et se taise !"[1]

Ainsi en va-t-il de tous les écrits de Kraus : c'est l'envers du silence, un silence enveloppé d'une cape noire sous laquelle s'engouffre le tourbillon des événements, qui la soulève et

1. Karl Kraus, "In dieser grossen Zeit" (1914), in *Weltgericht I (S5)*, p. 9. Il existe une traduction française de ce texte : Karl Kraus, *Cette grande époque*, trad. Éliane Kaufholz-Messmer, Paris, Payot & Rivages, 2000.

en révèle la doublure criarde. En dépit de leur nombre, chacun de ces événements semble s'abattre sur lui par surprise, aussi soudainement qu'une bourrasque. Aussitôt se met en branle une mécanique réglée avec précision, destinée à les dompter. Chaque situation passe entre les rouages des formes d'expression écrites et orales, afin qu'en soit extrait jusqu'à la dernière goutte tout le potentiel polémique. Ce faisant, Kraus s'entoure de précautions dont on prend la mesure à l'aune des communiqués de rédaction qui encerclent, tels des barbelés, chaque numéro de *Die Fackel*, mais aussi en lisant les définitions tranchantes et les réserves qui garnissent les conférences et programmes des lectures de “passages de ses propres écrits”. Le triptyque silence-connaissance-discernement trace la silhouette de Kraus le polémiste. Son silence est une digue devant laquelle le bassin miroitant de sa connaissance ne cesse de s'approfondir. Son discernement n'admet aucun questionnement ; jamais il ne se plie aux principes brandis devant lui. Au contraire, son premier élan consiste à démonter chaque situation, à en dégager la véritable problématique pour la présenter à l'adversaire en lieu et place d'une réponse. Si l'aspect constructif et créatif du tact est porté à son comble chez Johann Peter Hebel, c'est son aspect destructeur et critique qui culmine chez Kraus. Le tact reste néanmoins pour tous deux un discernement moral – Stoessl évoque un “esprit aiguisé par la dialectique”[1] – et l’expression d’une convention inconnue, primant sur celle qui est reconnue. Kraus vit dans un monde où l’acte le plus abominable est encore un faux pas. Mais lui distingue encore des degrés dans la monstruosité, justement parce que son critère ne correspond pas à ceux de la bienséance bourgeoise qui, par-delà la cime des fourberies ordinaires, perd si vite son souffle qu’elle ne saisit même plus celles qui se déroulent sur les hauteurs de l’histoire universelle.

Ce critère est le seul que Kraus ait jamais observé et le vrai tact n’en connaît d’ailleurs aucun autre. C’est un critère théologique. Le tact n’a en effet rien à voir, comme le croient les esprits confus, avec une aptitude à évaluer sous tous rapports ce qui est dû socialement à chacun. Au contraire, il consiste à considérer, sans pour autant les nier, les rapports sociaux comme un état de nature, sinon

1. Otto Stoessl, *Lebensform und Dichtungsform*, Munich, Leipzig, G. Müller, 1914, pp. 46-47. Information donnée dans Walter Benjamin, *Gesammelte Schriften*, t. II, 3, *op. cit.*, p. 1127.

un état paradisiaque, et à traiter par conséquent non seulement le roi comme s'il était né avec sa couronne sur la tête, mais aussi le valet de pied comme s'il s'agissait d'un Adam en livrée. Cette noblesse a revêtu chez Hebel l'habit du prêtre, elle revêt chez Kraus celui du guerrier. Le concept de créature porte chez Kraus le poids de l'héritage théologique des spéculations qui avaient encore cours en Europe jusqu'au XVIIe siècle. Mais le noyau théologique de ce concept a subi une transformation qui lui a permis d'être intégré sans effort au credo de l'homme universel porté par la pensée profane autrichienne, qui fait de la création une Église dans laquelle seule la discrète odeur d'encens des brumes rappelle de temps à autre le rite. C'est Stifter qui fut le plus profondément marqué par ce credo, dont on perçoit l'écho chaque fois que Kraus parle d'enfants, de plantes ou d'animaux. "Le souffle du vent, écrit Stifter, le ruissellement de l'eau, la croissance des blés, le bercement de la mer, le verdoiement de la terre, l'éclat du ciel, le scintillement des astres m'apparaissent grands. L'orage qui s'approche dans un grondement sublime, l'éclair qui fend les maisons, la tempête qui déchaîne le déferlement des vagues, la montagne qui crache des flammes, les tremblements de terre qui ensevelissent des nations – ces phénomènes-là ne sont pas supérieurs aux premiers, je pense même qu'ils leur sont inférieurs, car ils ne sont que les effets de lois plus grandes encore. [...] Aux premiers âges de l'humanité, avant que la science ne leur ait ouvert les yeux, les hommes étaient saisis de crainte et d'admiration devant ce qui leur paraissait le plus proche et le plus frappant. Mais lorsque leurs yeux se décillèrent et se posèrent sur les corrélations, alors les phénomènes isolés perdirent de leur importance tandis que grandissait celle de la loi : les merveilles cessèrent, le miracle s'accrut. [...] De même que, dans la nature, les lois générales s'exercent silencieusement et immuablement tandis que ce qui attire l'attention n'en est qu'une manifestation isolée, de même la loi morale reste silencieuse et insuffle la vie à l'âme grâce au commerce continu des hommes entre eux, et l'aspect miraculeux que revêtent les faits à l'instant où ils se produisent n'est qu'une trace infime de cette force omniprésente."[1] Dans ces lignes célèbres, le sacré

1. Adalbert Stifter, *Bunte Steine. Erzählungen*, 1994, Reclam, Stuttgart, pp. 8-12. Trad. fr. : *Pierres multicolores*, trad. Bernard Kreiss, Nîmes, J. Chambon, 1995.

s'efface discrètement devant le concept simple et néanmoins problématique de loi. La nature et le monde moral de Stifter sont toutefois suffisamment transparents pour ne pas les confondre avec ceux de Kant et reconnaître en leur cœur la créature. Et ces tonnerres et éclairs, ces tempêtes, incendies et tremblements de terre impudemment sécularisés, l'homme universel les a repris à la création et en a fait la réponse du Jugement dernier à l'existence sacrilège des hommes. Mais la tension entre création et Jugement dernier ne peut cette fois se résoudre dans le salut divin, et encore moins dans son dépassement historique. Car si le paysage d'Autriche épouse parfaitement l'heureuse étendue de la prose de Stifter, les terribles années de la vie de Kraus sont pour lui non pas histoire mais nature, un fleuve condamné à serpenter dans un paysage infernal. C'est le paysage dans lequel on abat chaque jour cinquante mille arbres pour faire soixante journaux. Kraus nous donne cette information dans l'article intitulé "La Fin"[1]. Selon lui en effet, l'humanité, dans sa lutte contre la créature, connaîtra avec certitude

1. Karl Kraus, "Das Ende", *Die Fackel*, n° 381-383, 19 septembre 1913, p. 68.

la défaite, comme il lui semble évident que la technique, une fois lâchée contre la création, ne s'arrêtera pas non plus devant son maître. Son défaitisme est supranational, c'est-à-dire planétaire, et l'histoire n'est pour lui que la contrée solitaire qui sépare sa génération de la création, dont le dernier acte sera la conflagration universelle. Cette contrée solitaire, il l'arpente en déserteur rallié au camp de la créature. "Et seul l'animal qui succombe à l'humain / est le héros de la vie"[1] : jamais le credo démodé d'Adalbert Stifter n'a été porté par plus sombre blason.

C'est au nom de la créature que Kraus se tourne sans cesse vers l'animal et vers ce "cœur de tous les cœurs qu'est celui du chien"[2], véritable miroir des vertus de la création, dans lequel fidélité, pureté et gratitude nous adressent un sourire depuis le lointain d'une époque révolue. Qu'il est regrettable que les hommes prennent sa place ! C'est ce que font les disciples. Leur flair malveillant les rassemble plus volontiers autour

1. Karl Kraus, "Die Fundverheimlichung", in *Worte in Versen (1922-1930) II*, *Gedichte (S9)*, p. 108.
2. Karl Kraus, "Rede am Grabe Peter Altenbergs", *Die Fackel*, n° 508-513, avril 1919, p. 9.

de l'adversaire blessé à mort qu'autour du maître. Ce n'est assurément pas sans raison que le chien est l'animal emblématique de cet auteur : incarnation du disciple idéal, il n'est rien d'autre qu'une créature dévouée. Or, plus cette dévotion est personnelle et gratuite, mieux c'est. Kraus a raison de la soumettre à très rude épreuve. S'il existe cependant une chose capable de faire apparaître le caractère infiniment suspect de ces êtres, c'est bien le fait qu'ils se recrutent uniquement parmi ceux que Kraus a lui-même élevés à la vie intellectuelle, ceux qu'il a en un seul et même acte conçus et convaincus. Son témoignage ne peut être décisif que pour ceux qu'il ne pourra jamais engendrer.

Il est ainsi parfaitement logique que notre contemporain, l'homme diminué et appauvri d'aujourd'hui, ne puisse chercher refuge dans le temple de la créature que sous sa forme la plus étiolée : celle de la personne privée. Que de renoncements, que d'ironie dans ce curieux combat pour les "nerfs", les ultimes radicelles du Viennois sur lesquelles Kraus était encore capable de découvrir du terreau ! "Kraus, écrit Robert Scheu, a fait la découverte d'un sujet de première importance, qui jamais encore n'avait incité un journaliste à prendre la plume : les droits des nerfs. Ceux-ci étaient selon lui tout aussi dignes d'une défense enthousiaste que la propriété, les biens immobiliers, les partis et la constitution. Il se fit l'avocat des nerfs, menant le combat contre les petits tracas du quotidien, mais son sujet insidieusement le submergea et se transforma en problème de vie privée. Il s'étendit à la protection contre la police, la presse, la morale, les idées, et finalement contre tout un chacun ; dénicher partout de nouveaux ennemis devint son métier."[1] S'il existe un endroit où se manifeste l'étrange alternance entre théorie réactionnaire et pratique révolutionnaire, omniprésente dans l'œuvre de Kraus, c'est bien ici. En effet, mettre la vie privée à l'abri de la morale et des concepts dans une société qui a entrepris la radioscopie politique de la sexualité et de la famille, de l'existence économique et physique, dans une société prête à bâtir des maisons aux parois de verre, dont les terrasses s'avancent loin dans les pièces qui dès lors n'en sont plus – ce mot d'ordre serait parfaitement réactionnaire s'il n'était pas précisément question d'une vie privée qui, au contraire de

1. Robert Scheu, *Karl Kraus*, Vienne, Jahoda & Siegel, 1909, p. 23.

son pendant bourgeois, correspond à ces bouleversements sociaux; en un mot: la vie privée des pauvres, qui se démonte elle-même et se construit à la vue de tous, telle celle de Peter Altenberg, l'agitateur, ou d'Adolf Loos, dont Kraus se fit le protecteur. C'est uniquement dans ce combat que les disciples s'avèrent utiles, précisément parce que ce sont eux qui, souverainement, font fi de l'anonymat dans lequel le satiriste avait tenté d'envelopper son existence privée, et rien ne les arrête si ce n'est la décision de Kraus de lui-même s'avancer sur le seuil de la ruine abritant sa "personne privée", afin d'en faire les honneurs.

Jamais il n'hésite, lorsque la lutte l'exige, à jeter son existence dans l'arène publique; mais, de la même manière, il a toujours opposé un refus catégorique à la distinction entre critique personnelle et critique objective qui permet de discréditer la polémique et constitue, dans la sphère littéraire et politique, l'un des principaux moyens de corruption. Cibler les personnes, ce qu'elles sont plutôt que ce qu'elles font, ce qu'elles disent davantage que ce qu'elles écrivent, et leurs ouvrages en dernier lieu, telle est la condition préalable de l'autorité de ce polémiste qui sait, en se fiant à une harmonie véritablement préétablie et réconciliatrice, dégager à partir d'un seul morceau de phrase, d'un seul mot ou d'une seule intonation, la totalité de l'univers intellectuel d'un auteur, et ce d'autant plus assurément que cet univers est futile. Le fait qu'il ne défend jamais d'opinion prouve de façon éclatante que le personnel et l'objectif se mêlent non seulement chez l'adversaire, mais avant tout chez lui. Car l'opinion est la fausse subjectivité que l'on peut dissocier de la personne et incorporer à la circulation des marchandises. Jamais Kraus n'a argumenté sans engager sa personne tout entière. C'est ainsi qu'il incarne le mystère de l'autorité : ne jamais décevoir. L'autorité ne disparaît que dans la mort ou la déception. Elle n'est nullement inquiétée par ce que les autres doivent éviter : l'arbitraire, l'injustice, l'inconséquence. Il serait au contraire décevant de pouvoir retracer le cheminement de ses sentences – en s'attachant par exemple à leur justesse ou même à leur logique. Kraus a dit un jour : "Avoir raison n'est pas pour l'homme affaire d'érotisme et il préfère volontiers la raison de l'autre à son propre tort."[1] Kraus se dérobe

1. Karl Kraus, *Nachts, Aphorismen (S8)*, pp. 311-312.

à fournir ainsi la preuve de sa virilité. Son existence exige que, dans le meilleur des cas, la manie qu'ont les autres d'avoir toujours raison s'oppose à son propre tort – et combien a-t-il alors raison de s'y accrocher ! "Nombreux sont ceux qui auront raison un jour. Mais ils auront raison grâce au tort que j'ai aujourd'hui."[1] Tel est le langage de la véritable autorité. Si l'on observe son effet, une seule chose doit retenir l'attention : le constat qu'elle s'engage envers elle-même autant et aussi implacablement qu'elle engage les autres ; qu'elle ne se lasse jamais de trembler devant elle-même – mais jamais devant autrui – ; qu'elle n'a de cesse d'assouvir ses propres exigences et de ne répondre que d'elle-même ; et la responsabilité qu'elle endosse ne se fonde jamais sur la constitution privée ni même sur les limites des facultés humaines, mais uniquement sur la chose en question, peu importe si la manière dont elle la traite paraît injuste et personnelle.

Depuis toujours, l'union des pouvoirs législatif et exécutif est un trait distinctif de

1. Karl Kraus, *Pro domo et mundo* (1919), *Aphorismen (S8)*, p. 299. Trad. fr. : Karl Kraus, *Pro domo et mundo. Aphorismes et réflexions II*, trad. Pierre Deshusses, Paris, Payot & Rivages, 2015.

cette autorité sans limite. Elle n'est toutefois nulle part aussi intime que dans la "grammaire". Celle-ci apparaît par conséquent chez Kraus comme la plus ferme expression de son autorité. Incognito, tel Harun al-Rachid, il parcourt de nuit les constructions langagières des journaux et, derrière la façade immobile des phrases creuses, en épie l'intérieur et découvre dans les orgies de la "magie noire" la profanation et le martyre des mots : "La presse est-elle un messager ? Non, elle est l'événement. Est-elle un discours ? Non, elle est la vie. Elle n'exige pas seulement que le véritable événement soit la nouvelle de l'événement ; elle provoque cette identité inquiétante qui donne systématiquement l'impression que l'annonce des faits précède leur accomplissement, identité qui souvent même engendre cette possibilité, et qui génère dans tous les cas une situation dans laquelle les reporters de guerre n'ont pas le droit d'observer, mais où ce sont les combattants qui deviennent reporters. Dans ce sens, je reconnais volontiers avoir toute ma vie surestimé la presse. Elle n'est pas un commis – lequel ne pourrait exiger ni recevoir autant –, elle est l'événement. Une fois de plus, l'instrument nous a dépassés. Ces gens, qui devraient se contenter d'annoncer le grand incendie et de tenir un rôle subalterne au sein de l'État, nous les avons hissés au-dessus du monde, au-dessus de l'incendie et de la maison, au-dessus des faits et de notre imagination."[1] Verbe et autorité contre magie et corruption : voici comment se répartissent les mots d'ordre dans ce combat. Il n'est pas vain d'en faire le pronostic. Personne, et Kraus moins que quiconque, ne peut s'en remettre à l'utopie d'un journal "objectif", à la chimère d'un "compte rendu impartial de l'actualité". Le journal est un instrument du pouvoir. Il ne peut tirer sa valeur que de la nature du pouvoir qu'il sert ; il exprime celui-ci non seulement à travers les positions qu'il défend, mais aussi à travers la manière dont il le fait. Mais si le capitalisme à son apogée ne galvaude pas seulement ses fins mais aussi ses moyens, il est aussi peu probable de voir refleurir un jour une humanité nouvelle, universelle et paradisiaque, à partir du pouvoir qui en aura triomphé que de voir la langue de Goethe ou de Claudius connaître une floraison tardive. Ce pouvoir se différenciera de celui qui règne avant tout en ceci qu'il retirera de la circulation les idéaux qui

1. Karl Kraus, "In dieser großen Zeit", *Weltgericht I (S5)*, p. 15-16.

l'avilissaient. C'est assez pour comprendre que Kraus aurait aussi peu à perdre qu'à gagner dans ce combat, et que la flamme de *Die Fackel*[1] devrait l'éclairer sans jamais vaciller. Aux scoops sensationnels, toujours identiques, que la presse sert à ses lecteurs, Kraus oppose les "Nouvelles" éternellement inédites, qui s'annoncent depuis l'histoire de la création : la plainte incessante, éternellement renouvelée.

1. *Die Fackel* signifie "la torche, le flambeau".

II
DÉMON

Ai-je dormi ? À l'instant je m'endors.
Worte in Versen IV

C'EST dans la figure de Karl Kraus que l'on trouve les raisons profondes de la méprise que commettent tous les arguments apologétiques à son propos, et chacun des débats qui le concernent en porte le stigmate. L'ouvrage majeur de Leopold Liegler[1] est né d'une attitude apologétique. Son intention première consiste à délivrer à Kraus un certificat de "personnalité éthique". Ce qui est impossible. Le fond obscur sur lequel se détache l'image de Kraus n'est pas le monde contemporain, mais celui d'un temps immémorial ou celui du démon. La lumière du jour de la création tombe sur lui, et c'est ainsi qu'il émerge de cette nuit. Mais pas entièrement : certains éléments y demeurent capturés, plus solidement qu'on ne le soupçonne. Un œil incapable de s'y accommoder ne percevra jamais les contours

1. Il s'agit du livre : *Karl Kraus und sein Werk*, *op. cit.*

de cette figure. Pour lui seront perdus tous les signes que Kraus, dans son besoin irrépressible d'être remarqué, donne inlassablement à voir. En effet, comme dans les contes, le démon en Kraus a fait de la vanité l'expression de son être. Kraus connaît lui aussi la solitude du démon qui, sur la colline à l'abri des regards, gesticule à la manière d'un fou : "Dieu soit loué, personne ne sait que je m'appelle Rumpelstilzchen."[1] De même que ce démon dansant ne trouve jamais le repos, de même la réflexion excentrique entretient-elle chez Kraus un tumulte perpétuel. Il est, selon les mots de Viertel, "le patient de ses dons"[2]. Ses facultés sont effectivement des maux, et par-delà ceux dont il souffre vraiment, sa vanité fait de lui un hypocondriaque.

Quand il ne se mire pas en lui-même, il le fait dans l'adversaire à ses pieds. Depuis toujours, sa polémique mêle intimement une technique qui recourt aux moyens les plus

1. Jacob et Wilhelm Grimm, "Rumpelstilzchen", in *Kinder- und Hausmärchen*, t. 1, Stuttgart, Reclam, 1980, p. 287. Citation légèrement modifiée par Benjamin. Trad. fr. : Jacob et Wilhelm Grimm, "Rumpelstilzchen", *Les Beaux Contes*, trad. J. Dancourt, Saverne, Alfa, 1948.
2. Berthold Viertel, *Karl Kraus, Ein Charakter und die Zeit*, Dresde, Rudolf Kaemmer Verlag, 1921, p. 7.

avancés pour faire tomber les masques et un art de l'expression de soi qui repose sur les méthodes les plus archaïques. Or c'est également dans cette zone que se manifeste le démon, à travers l'équivoque : ici, l'expression de soi et le démasquage se confondent en un art de se démasquer soi-même. Lorsque Kraus dit que "l'antisémitisme désigne la mentalité qui prend au sérieux et surenchérit sur le dixième des reproches qui circulent à la Bourse en guise de plaisanteries adressées aux membres de sa propre race"[1], il esquisse le rapport que ses adversaires entretiennent avec lui. Il n'existe aucun reproche que ces derniers lui adressent, aucune diffamation personnelle dont ils ne puissent tirer la formulation la plus légitime de ses propres écrits et, dans ceux-ci, des passages où son narcissisme s'envole jusqu'à l'admiration de soi. Aucun prix n'est trop élevé pour faire parler de lui, et le succès de cette spéculation lui donne toujours raison. Si le style représente le pouvoir de circuler de long en large dans la pensée du langage sans tomber dans des banalités, c'est le plus souvent le cœur, cet organe puissant des grandes

1. Karl Kraus, *Nachts. Aphorismen (S8)*, p. 361.

pensées, qui le conquiert, lui qui propulse le sang de la langue à travers les veines de la syntaxe jusqu'aux extrémités les plus éloignées. Il est aujourd'hui impossible de méconnaître un seul instant de telles pensées chez Kraus ; mais la force du cœur à l'origine de son style, il la puise dans sa propre image, celle qu'il porte en lui et expose sans aucun ménagement. Oui, il est vaniteux. Karin Michaelis[1] a décrit la façon dont, pour gagner l'estrade lors d'une conférence, il traverse précipitamment la salle en prononçant des phrases décousues. Sacrifie-t-il alors sa vanité : il ne serait pas nécessairement le démon qu'il est si ce n'était pas finalement lui-même, sa vie et sa souffrance qu'il livrait, avec toutes ses blessures et ses faiblesses. C'est ainsi que naît son style, et avec lui le lecteur-type de *Die Fackel*, pour qui tressaillent encore dans la subordonnée, la particule, et même la virgule, des lambeaux et des fibres de nerfs muets ; pour qui pend encore au fait le plus négligeable et le plus asséché un morceau de chair meurtrie. L'idiosyncrasie comme organe supérieur de la critique : voilà l'utilité cachée du narcissisme et

1. Karin Michaelis, "Ein Karl Kraus-Abend", *Die Fackel*, n° 336-337, 23 novembre 1911, pp. 42-46.

de cet état infernal que seul connaît l'écrivain pour qui chaque acte procurant satisfaction représente en même temps une station du chemin de croix. Pas un, hormis Kierkegaard, n'a éprouvé cet état comme Kraus.

"Je suis, affirme Kraus, peut-être le premier écrivain à vivre aussi sa propre écriture comme un acteur"[1], assignant ainsi à la vanité personnelle sa place la plus légitime : dans le mime. Le génie mimique, qui singe dans la glose et grimace dans la polémique, se déchaîne joyeusement en lisant à voix haute des drames dont les auteurs occupent, non sans raison, une position médiane particulière : Shakespeare et Nestroy, poètes et acteurs ; Offenbach, compositeur et chef d'orchestre. Il semble que le démon de cet homme recherche dans ces drames l'atmosphère agitée, sillonnée par tous les éclairs de l'improvisation, car elle seule lui offre mille occasions de s'élancer, tout à la fois taquin, tourmenteur et menaçant. Par sa propre voix, le conférencier y démontre la richesse démonique des personnages qu'il incarne – *persona* : ce à travers quoi le son résonne –, et de la pointe de ses doigts fusent

1. Karl Kraus, *Nachts, Aphorismen (S8)*, p. 334.

les gestes des personnages qui habitent sa voix. Mais l'élément mimique joue également un rôle décisif dans le rapport qu'il entretient avec les objets de sa polémique. Il singe son partenaire pour glisser le pied-de-biche de la haine dans les plus fines jointures de son attitude. Ce coupeur de mots en quatre, qui les tranche par le milieu, déloge le tas de larves[1] qui s'y nichent : les larves de la vénalité et du verbiage, de la bassesse et de la bonhomie, de la puérilité et de la cupidité, de la voracité et de la perfidie. C'est bel et bien par réflexe behavioriste qu'il couvre de ridicule l'inauthentique – ce qui est plus difficile que de moquer le médiocre. Les citations de *Die Fackel* sont bien davantage que des pièces justificatives : ce sont des accessoires nécessaires pour faire tomber les masques par le mime. À vrai dire, c'est justement là qu'on peut voir à quel point l'humilité ambiguë de l'interprète – qui, chez le conférencier, s'élève jusqu'à l'inconcevable – est étroitement liée à la cruauté

1. Benjamin joue sur le double sens du mot *Larve* en allemand, qui désigne à la fois la larve au sens zoologique et, à partir du latin (*larva* : le génie malfaisant, le fantôme et le masque de fantôme), le masque. On retrouve le mot dans le verbe *entlarven*, "démasquer".

du satiriste. Ce n'est pas pour rien qu'on dit en allemand “ramper dans quelqu'un” pour désigner le degré le plus bas de la flagornerie, et c'est précisément ce que fait Kraus – afin d'anéantir. La courtoisie est-elle ici devenue l'imitation de la haine, la haine celle de la courtoisie ? Quoi qu'il en soit, les deux ont atteint leur stade chinois, leur ultime degré de perfection. Le “supplice” tant évoqué par Kraus, et en des allusions si impénétrables, a son siège ici. Ses récriminations contre les courriers, les matériaux et les documents ne sont rien d'autre que les mécanismes de défense d'un homme qui va se retrouver empêtré dans des complicités. Mais ce qui l'empêtre de la sorte, ce sont moins les faits et gestes de ses semblables que leur langue. Sa passion à les imiter exprime à la fois cette compromission et l'envie de s'en défaire, elle est aussi bien cause que conséquence d'un remords toujours vif, dans lequel seul le démon trouve son élément.

L'économie de ses erreurs et de ses faiblesses – élaboration plus miraculeuse encore que l'ensemble de ses dons – relève d'une organisation si fine et précise que toute confirmation extérieure ne peut que l'ébranler. Surtout lorsqu'il s'agit de délivrer à cet homme le certificat de “modèle d'être humain pleinement harmonieux"[1], de le faire apparaître – par un retournement absurde aussi bien sur le plan stylistique qu'intellectuel – comme un philanthrope, de telle sorte que celui qui prêterait "l'oreille de l'âme à sa rigueur"[2] en découvrirait la raison dans la compassion. Non ! Son incorruptible assurance, dans l'attaque comme dans la défense, ne provient pas de cette noble disposition, poétique ou humaniste, à laquelle ses partisans l'imputent volontiers. Déduire sa haine de l'amour est non seulement d'une banalité extrême, mais c'est aussi commettre une erreur fondamentale, tant il est évident que les forces à l'œuvre sont bien plus originaires : une humanité qui réside uniquement dans le passage de la méchanceté à la sophistique, de la sophistique à la méchanceté ; une nature qui enseigne la misanthropie ; une pitié qui ne demeure vivante que mêlée à la rage : "Ô si seulement on m'avait laissé choisir / à qui, du chien ou de celui qui l'abat, trancher la gorge / j'aurais choisi !"[3] Rien n'est plus

1. Leopold Liegler, *Karl Kraus und sein Werk*, *op. cit.*, p. 82.
2. Carl Dallago, "Karl Kraus, der Mensch", in *Der Sturm*, t. 3, n° 115-116, 29 juin 1912, p. 77.
3. Karl Kraus, "Die Fundverheimlichung", in *Worte in Versen II*, *Gedichte (S9)*, p. 112.

absurde que de vouloir le façonner à l'image de ce qu'il aime. C'est à juste titre qu'on a opposé le Kraus "impérissable trouble-fête du monde" au Kraus "éternel réformateur du monde"[1] que caressent de temps à autre des regards satisfaits.

"Lorsque le siècle précipita sa propre ruine, il en fut l'instrument"[2], a déclaré Brecht. Peu de choses résistent à ce constat, et certainement pas le mot amical d'Adolf Loos, pour qui "Kraus se tient sur le seuil d'une nouvelle époque"[3]. Hélas non, absolument pas. – Il se tient en réalité sur le seuil du Jugement dernier. De même que sur les plus beaux retables baroques, les saints amassés en bordure du cadre tendent leurs mains ouvertes pour se défendre contre les anges, les bienheureux et les damnés peints en des raccourcis vertigineux et dont les membres flottent devant eux, de même Kraus voit fondre sur lui toute l'histoire universelle dans les terminaisons d'une seule notice locale, d'une seule phrase,

1. Ludwig von Ficker, "Vorlesung Karl Kraus", *Der Brenner*, n° 16, 15 janvier 1912, p. 564.
2. Nous n'avons pas pu retrouver l'origine de cette citation dans l'œuvre de Brecht.
3. Adolf Loos, "Karl Kraus" (1913), in *Sämtliche Schriften*, *op. cit.*, p. 328.

d'une seule annonce. Voilà ce qu'il a hérité du sermon d'Abraham a Sancta Clara. D'où cette proximité versatile, cette faculté tout sauf contemplative de riposter instantanément, et cette intrication qui n'autorise sa volonté qu'à une expression théorique et son savoir qu'à une expression pratique. Kraus n'est pas un génie historique. Il ne se tient pas au seuil d'une nouvelle époque. S'il tourne jamais le dos à la création, s'il interrompt ses plaintes, c'est seulement pour porter plainte devant le Jugement dernier.

On ne comprend rien à cet homme tant qu'on ne voit pas que tout, absolument tout, le langage comme la chose, se joue pour lui nécessairement dans la sphère du droit. En effet, les manières de cracheur de feu et d'avaleur de sabre qu'il déploie dans sa philologie du journal poursuivent le droit autant que la langue. On ne comprend pas sa "grammaire" si l'on ne la perçoit pas comme une contribution au code de procédure linguistique, si l'on comprend les mots des autres dans sa bouche uniquement comme le *corpus delicti*, et les siens uniquement comme ceux qui condamnent. Kraus ne connaît aucun système. Chaque pensée possède sa propre cellule. Mais d'une seconde à l'autre, et apparemment pour un rien, chaque cellule peut devenir une chambre, une chambre de justice présidée par la langue. On a dit de Kraus qu'il avait dû "vaincre la judéité en lui" et même, qu'il avait parcouru "le chemin de la judéité vers la liberté"[1]. Rien ne réfute mieux cela que le fait que, pour lui aussi, langue et justice demeurent inextricablement liées. Révérer dans la langue l'image de la justice divine – et ce jusque dans la langue allemande elle-même –, c'est là le *salto mortale* proprement juif par lequel il cherche à dynamiter l'emprise du démon. Tel est en effet l'ultime acte officiel de ce zélateur : inculper l'ordre juridique lui-même. Et ce, non pas par une révolte petite-bourgeoise contre l'asservissement de "l'individu libre" à travers des "formules vides" ; encore moins en adoptant la posture de ces radicaux qui partent à l'assaut de paragraphes sans jamais s'être rendu compte un seul instant de ce qu'est la justice [*Justiz*]. Ce n'est pas l'effet du droit mais sa substance que Kraus met en accusation. Il incrimine le droit pour haute trahison vis-à-vis de la justice [*Gerechtigkeit*]. Plus exactement, il accuse le concept de haute trahison

1. Leopold Liegler, *Karl Kraus und sein Werk*, *op. cit.*, p. 87.

vis-à-vis du mot auquel il doit son existence : homicide volontaire de l'imagination, qui meurt déjà lorsqu'une seule lettre vient à manquer, et à laquelle il adressa la plus émouvante des complaintes dans son "Élégie pour la mort d'un son"[1]. Au-dessus de la jurisprudence [*Rechtsprechung*] se tient en effet l'orthographe [*Rechtschreibung*], et malheur à la première si la seconde doit souffrir. Il retrouve là encore la presse, convoque dans son orbite ses invités de prédilection : les lémures. Il a percé à jour le droit comme peu d'autres. S'il l'invoque malgré tout, c'est précisément parce que son propre démon se sent violemment attiré par l'abîme qu'il représente, cet abîme dont il a perçu, non sans raison, la plus grande béance là où l'esprit et le sexe se rencontrent – dans le procès en moralité – et dont il a mesuré la profondeur par ces mots célèbres : "Le procès en moralité est l'évolution opiniâtre de l'immoralité individuelle vers une immoralité universelle sur le fond obscur de laquelle la culpabilité avérée de l'accusé se détache avec éclat."[2]

1. Karl Kraus, "Elegie auf den Tod eines Lautes", in *Worte in Versen I, Gedichte (S9)*, pp. 40-44.
2. Karl Kraus, *Sprüche und Widersprüche* (1924), *Aphorismen (S8)*, p. 44-45. Trad. fr. : Karl Kraus, *Aphorismes : dires et*

Au sein de cette sphère, les mouvements solidaires de l'esprit et du sexe ont pour loi l'équivoque. Le sexe démonique est obsédé par le moi qui, entouré de douces images de femmes "telles que le monde amer n'en laisse pas connaître"[1], jouit de lui-même. Il n'en va pas autrement de la figure suffisante et sans amour de l'esprit obsédé : le *Witz*. Aucun des deux n'en vient à son fait : pas plus le moi à la femme que le *Witz* à la parole. Le destructeur a pris la place du créateur, le tape-à-l'œil celle du secret ; mais tous deux revêtent désormais les nuances les plus enjôleuses : le désir obtient satisfaction dans le mot d'esprit, la pointe dans l'onanisme. Kraus s'est dépeint en captif désespéré du démon ; au sein du pandémonium de l'époque, il s'est réservé dans le désert glacé la place la plus triste, éclairée par le reflet des flammes. C'est là qu'il se tient, aux "Derniers Jours de l'humanité"[2] – lui, le "grincheux",

contre-dires, trad. Pierre Deshusses, Paris, Payot & Rivages, 2010.

1. Gottfried Keller, "Tod und Dichter", in *Sämtliche Werke*, t. 1, Berlin, Aufbau, 1958-1961, p. 371, v. 18.

2. Allusion au titre de la tragédie en cinq actes de Karl Kraus, *Die letzten Tage der Menschheit* (1918-1922). Trad. fr. : Karl Kraus, *Les Derniers Jours de l'humanité*, trad. Jean-Louis Besson et Henri Christophe, Marseille, Agone, 2004.

qui décrivit les jours d'avant. "J'ai pris sur mes épaules la tragédie, laquelle se délabre en scènes de l'humanité en ruine, afin que l'esprit qui prend les victimes en pitié l'entende, eût-il renoncé pour toujours à tout contact avec une oreille humaine. Puisse-t-il percevoir la note fondamentale de cette époque, l'écho de ma fureur sanglante, par laquelle je me rends complice de ces bruits. Puisse-t-il accepter cela en guise de rédemption !"[1]

"Complice..." – dans la mesure où ce terme évoque les manifestes d'une intelligentsia désireuse, fût-ce en s'accusant elle-même, de se remémorer une époque qui faisait mine de se détourner d'elle, il faut dire un mot de ce sentiment de culpabilité par lequel une conscience éminemment privée rencontre si ouvertement la conscience historique. On en revient toujours à cet expressionisme dont s'est nourrie l'œuvre de maturité de Kraus, et dont les racines en ont fait éclater le sol. Les mots-clés en sont connus – avec quel sarcasme Kraus ne les a-t-il pas lui-même relevés : on composait des décors, phrases et tableaux

1. Karl Kraus, *Die letzten Tage der Menschheit (S10)*, acte V, scène 54, p. 681.

ramassés, échelonnés et *escarpés*.[1] – L'influence des miniatures du haut Moyen Âge sur l'imaginaire des expressionnistes est évidente – eux-mêmes l'ont proclamée. Pourtant, en examinant aujourd'hui leurs personnages – par exemple dans la *Genèse de Vienne* –, on bute sur quelque chose de tout à fait énigmatique, non seulement dans leurs yeux grands ouverts ou dans les plis insondables de leurs vêtements, mais encore davantage dans leur expression générale. Comme s'ils tombaient du haut mal, ils se penchent les uns vers les autres dans leur course à jamais éperdue. Ce "penchant" peut en premier lieu exprimer la profonde émotion humaine qui vibre dans l'univers de ces miniatures comme elle vibre dans les manifestes de cette génération d'écrivains. Ce n'est pourtant qu'un aspect des choses, pour ainsi dire concave, qui apparaît lorsqu'on regarde ces personnages de face. Vus de dos, il en va tout autrement. Les dos des saints des adorations, des serviteurs de la scène de Gethsémani, des témoins de l'entrée dans Jérusalem s'échelonnent en

1. Ces "mots-clés" sont tirés de : Karl Kraus, *Literatur, oder man wird doch das sehn. Eine magische Operette in zwei Teilen* (1921), *Dramen (SII)*, pp. 7-75.

terrasses de nuques et d'épaules humaines qui, littéralement ramassées en marches escarpées, conduisent moins au ciel que vers le bas : sur et même sous terre. Impossible de décrire leur pathos en faisant abstraction de ceci : on peut les escalader comme des blocs de roche qui auraient roulé les uns sur les autres, ou comme des marches grossièrement taillées. Quelles que soient les puissances qui ont pu mener le combat des esprits sur ces épaules, notre expérience de la situation des masses défaites dans l'immédiat après-guerre nous autorise à nommer l'une d'elles par son nom. Ce qui, à la fin, demeura de l'expressionnisme, dont l'impulsion d'abord humaine s'était presque intégralement transformée en mode, ce fut l'expérience et le nom de cette puissance sans nom devant laquelle les hommes courbaient l'échine : la culpabilité. Kraus écrivait déjà en 1912 : "Si les masses obéissantes méritent notre pitié, ce n'est pas parce qu'elles auraient été exposées au danger par une volonté inconnue d'elles, mais parce qu'elles l'ont été par une culpabilité inconnue d'elles."[1] Ce "grincheux" y prend part pour la dénoncer, et la dénonce

1. Karl Kraus, "Und in Kriegszeiten" (1912), in *Untergang der Welt durch schwarze Magie (S4)*, p. 418.

pour y prendre part. Afin d'en venir à bout par le sacrifice, il s'est jeté un jour dans les bras de l'Église catholique.

Dans les menuets cinglants que Kraus a sifflés devant le chassé-croisé de Justitia et Vénus, le leitmotiv – selon lequel le philistin ignore tout de l'amour – est exposé avec une précision et une fermeté qui n'ont leur pendant que dans la pose analogue des décadents, dans la proclamation de *l'art pour l'art**[1]. Car *l'art pour l'art**, qui s'étend aussi à l'amour pour les décadents, a justement noué étroitement son talent au savoir artisanal, à la technique, et n'a détaché la poésie, dans sa lumière la plus pure, que sur le fond de la littérature, tout comme l'amour se détache sur celui de la luxure. "La misère peut faire de tout homme un journaliste, mais pas de toute femme une prostituée."[2] Dans cette formule, Kraus trahit le double fond de sa polémique contre le journalisme. Celui qui a déclenché cette lutte impitoyable n'est pas tant le philanthrope, l'ami éclairé des hommes

1. Les mots en italique suivis d'un astérisque sont en français dans le texte.
2. Karl Kraus, "Der Fall Riehl" (1906), in *Sittlichkeit und Kriminalität (S1)*, p. 245.

et de la nature, que l'homme de lettres cultivé, l'artiste et même le dandy dont Baudelaire est l'aïeul. Seul Baudelaire a haï autant que Kraus l'omniprésence du bon sens et le compromis que les intellectuels ont passé avec lui afin de trouver refuge dans le journalisme. Le journalisme est trahison de la littérature, de l'esprit, du démon. Sa véritable substance est le verbiage, et chaque page de la rubrique culturelle pose de nouveau la question insoluble du rapport de force entre bêtise et méchanceté, dont elle est l'expression. Au fond, c'est sur cette correspondance parfaite entre ces deux formes d'existence – celle de la vie entièrement placée sous le signe du seul esprit ou de la seule sexualité – que repose la solidarité entre l'homme de lettres et la prostituée, dont l'existence de Baudelaire offre une fois encore le témoignage le plus fidèle. Ainsi Kraus peut-il appeler par son nom l'entrelacs des lois de son propre artisanat avec celles du sexe, comme il l'a fait dans *La Muraille de Chine*. L'homme "a mille fois lutté avec l'Autre, qui peut-être n'existe pas, mais dont la victoire sur lui est certaine. Non parce que ses qualités seraient plus grandes, mais parce qu'il est l'Autre, le dernier venu, celui qui offre à la femme le plaisir de la série et qui, en tant que dernier, l'emportera. Mais ils chassent cela de leur esprit comme un mauvais rêve, et veulent être les premiers."[1] Admettons maintenant que la langue – nous glissons cela entre les lignes – soit une femme : à quel point l'instinct infaillible de l'auteur le soustrait-il à ceux qui se hâtent pour être les premiers auprès d'elle ; comment fait-il varier la pensée qui se contente de la piquer à coup d'intuitions plutôt que de la satisfaire par le savoir ; de quelle façon la mêle-t-il à la haine, au mépris et au fiel ; comment ralentit-il son pas et emprunte-t-il le détour des épigones pour lui délivrer finalement le plaisir de la série en lui administrant le coup de grâce, celui que Jack l'éventreur réserve à Lulu !

L'activité littéraire est l'existence sous le signe du seul esprit, comme la prostitution est l'existence sous le signe du seul sexe. Mais le démon, qui envoie la putain sur le trottoir, exile l'homme de lettres en salle d'audience. Raison pour laquelle celle-ci est pour Kraus le forum, comme elle l'a toujours été pour les grands journalistes – les Carrel, Paul-Louis Courier et Lassale. Esquiver cela : se soustraire à la véritable fonction démonique du

1. Karl Kraus, "Die Chinesische Mauer" (1910, 1918), in *Die Chinesische Mauer (S2)*, p. 284.

seul esprit (celle de jouer les trouble-fête), et poignarder la putain dans le dos – c'est cette double trahison qui définit selon Kraus les journalistes. – Robert Scheu a bien vu qu'aux yeux de Kraus, la prostitution n'est pas tant une dépravation sociale qu'une forme naturelle de sexualité féminine. Elle se caractérise toutefois par la conjugaison entre commerce sexuel et transaction marchande, et les modalités de cet échange. S'il s'agit d'un phénomène naturel, c'est tout autant du point de vue naturel de l'économie, en tant que manifestation de la transaction marchande, que du point de vue naturel du sexe. "Mépris pour la prostitution? / Les catins pires que les voleurs? / Sachez-le: l'amour n'est pas seulement rémunéré, / La rémunération donne aussi de l'amour!"[1] Cette équivoque – cette double nature en tant que naturel dédoublé – rend la prostitution démonique. Mais Kraus "prend le parti de la puissance de la nature"[2]. Le fait qu'il ne perce jamais à jour le domaine sociologique – ni quand il attaque la presse, ni quand il défend la prostitution – tient à son

1. Karl Kraus, "Reinigung", in *Worte in Versen I, Gedichte (S9)*, p. 47.
2. Robert Scheu, *Karl Kraus*, *op. cit.*, p. 25.

propre enchaînement à la nature. Que la dignité humaine ne lui apparaisse pas comme disposition et accomplissement de la nature libérée – transformée par la révolution –, mais simplement comme un élément de la nature, une nature archaïque et non-historique, intacte dans son état originel – voilà qui jette encore des reflets incertains et inquiétants sur sa conception de la liberté et de l'humanité. Elle reste prisonnière du domaine de la culpabilité, que Kraus a traversé d'un pôle à l'autre : de l'esprit jusqu'au sexe.

Or, face à cette réalité que Kraus a douloureusement éprouvée en y versant plus de sang que quiconque, le "pur esprit" que ses disciples révèrent dans les actes de leur maître s'avère vile chimère. C'est pour cela que, parmi tous les motifs de son évolution, priment ceux de la restriction et du contrôle permanents. Son registre de contrôle s'intitule *De nuit*[1]. Car la nuit est le commutateur qui renverse le pur esprit en pur sexe et le pur sexe en pur esprit, le lieu où ces deux abstractions contre nature trouvent le repos dans une reconnaissance mutuelle. "Je travaille nuit et jour. J'ai donc

1. Karl Kraus, *Nachts, Aphorismen (S8)*, pp.303-452.

beaucoup de temps libre. Du temps pour demander à un tableau dans ma chambre si le travail lui plaît, pour demander à l'horloge si elle est fatiguée, et à la nuit si elle a bien dormi."[1] Ces questions sont des offrandes qu'il jette au démon au cours de son travail. Mais sa nuit n'est pas la nuit maternelle ni celle d'un romantique clair de lune ; c'est l'heure entre veille et sommeil, la veille de nuit, la pièce maîtresse des trois degrés de sa solitude : celle des cafés, où il est seul avec son ennemi ; celle de sa chambre nocturne, où il est seul avec son démon ; celle de la salle de conférences, où il est seul avec son œuvre.

1. Karl Kraus, *Pro domo et mundo*, *Aphorismen (S8)*, p. 299.

III
INHUMAIN

Déjà tombe la neige.
Worte in Versen III

LA SATIRE est l'unique forme légitime de la *Heimatkunst*[1]. Ce n'est pourtant pas dans ce sens que l'on a qualifié Kraus de satiriste viennois. On essayait bien plutôt, tant que possible, de l'expédier sur cette voie de garage afin que son œuvre puisse être intégrée au grand entrepôt des biens de consommation littéraires. Appliquer à Kraus le terme de satiriste peut ainsi donner de lui l'explication la plus profonde comme la caricature la plus malheureuse. Il s'est par conséquent efforcé depuis toujours de distinguer le satiriste authentique de ces écrivains qui font de la raillerie un métier et dont les invectives ne visent qu'à faire rire leur public. Face à eux se tient le satiriste de haute stature, qui jamais n'a senti sous ses pieds terre plus ferme qu'au

1. Littéralement : "art local" ou "art du pays". Mouvement littéraire apparu à la fin du XIXe siècle, défendant une esthétique populaire et nationaliste.

sein d'une génération sur le point de grimper sur des chars d'assaut et d'enfiler des masques à gaz, au cœur d'une humanité qui a ravalé ses larmes mais non ses rires. Dans le rire, elle se prépare à survivre, s'il le faut, à la civilisation et par lui, communie au mystère véritable de la satire, qui consiste à dévorer l'adversaire. Le satiriste est la forme sous laquelle la civilisation a accueilli le cannibale. Ce n'est pas sans piété qu'il se remémore son origine, raison pour laquelle la proposition de manger des hommes appartient désormais au stock irréductible de ses suggestions, depuis le projet de Swift invitant à se nourrir des enfants issus des classes populaires démunies, jusqu'à la proposition de Léon Bloy d'octroyer aux bailleurs un droit sur la chair de leurs locataires insolvables. C'est à l'aune de telles consignes que les grands satiristes ont pris la mesure de l'humanité de leurs semblables. "L'humanité, l'éducation et la liberté sont des biens précieux, qui ne sont pas trop cher payés par le sang, la raison et la dignité humaine"[1] : ainsi s'achèvent chez Kraus les démêlés du cannibale avec les droits de l'Homme. Il faut les

1. Karl Kraus, *Sprüche und Widersprüche*, *Aphorismen (S8)*, p. 71.

comparer à ceux de Marx dans *La Question juive*[1] pour mesurer à quel point ce parti pris à caractère ludique de 1909 – réaction contre l'idéal classique de l'humanité – était de nature à basculer entièrement, et à la première occasion, dans une profession de foi en faveur de l'humanisme réel. Il aurait certainement fallu prendre *Die Fackel* dès le premier numéro mot pour mot au pied de la lettre pour prévoir que ce journalisme orienté vers l'esthétisme était destiné à devenir la prose politique de 1930, sans qu'aucun thème ne soit sacrifié ni ajouté. Cela, il le doit à sa partenaire, la presse, qui réservait à l'humanité la fin que Kraus évoque en ces termes : "Les droits de l'Homme sont le jouet fragile des adultes, qu'ils veulent eux-mêmes piétiner et, pour cette raison, refusent qu'on le leur prenne."[2] Ainsi la frontière entre privé et public, qui devait, en 1789, annoncer la liberté, est-elle devenue un objet de risée. Avec le journal, dit Kierkegaard, "la distinction

1. Karl Marx, "Zur Judenfrage" (1844), in *Marx-Engels-Werke*, t. 1, Berlin, Dietz Verlag, 1981, pp. 347-377. Trad. fr. : Karl Marx, *Sur la question juive*, trad. Jean-François Poirier, Paris, La Fabrique, 2006.
2. Karl Kraus, *Sprüche und Widersprüche*, *Aphorismen (S8)*, p. 72.

entre privé et public [...] s'abolit en un bavardage privé-public."[1]

Amener à une confrontation dialectique les zones publiques et privées qui, dans le verbiage, reposent l'une dans l'autre de façon démonique, et mener l'humanité réelle à la victoire, tel est le sens que Kraus confère à l'opérette et qu'il a conduit à son expression la plus intense dans ses lectures d'Offenbach. De même que le verbiage consacre l'asservissement de la langue par la bêtise, de même l'opérette consacre la transfiguration de la bêtise par la musique. Méconnaître la beauté de la bêtise féminine a toujours relevé pour Kraus de la plus sombre ignorance. Les chimères du progrès fuient devant sa puissance de rayonnement. C'est désormais dans l'opérette d'Offenbach que l'on trouve réunie la trinité bourgeoise du Vrai, du Beau et du Bon, réarrangée dans un numéro grandiose, le trapèze de la sottise,

1. Søren Kierkegaard, *Kritik der Gegenwart*, trad. allemande par Th. Haeder, Insbruck, Brenner Verlag, 1914, p. 47. Nous proposons ici notre propre traduction de cet extrait à partir de la traduction allemande, mais une version française du texte est disponible dans : Søren Kierkegaard, "Un compte rendu littéraire", in *Œuvres complètes*, t. 8, trad. P.-H. Tisseau et E.-M. Jacquet-Tisseau, Paris, éditions de l'Orante, 1979, p. 219.

avec accompagnement musical. Le non-sens est vrai, la bêtise belle, et la faiblesse bonne. Tel est le secret d'Offenbach : au beau milieu du profond non-sens de la discipline publique – celle de la haute société, d'une salle de bal ou de l'État militaire –, le sens profond de l'indiscipline privée ouvre un œil rêveur. Et tout ce qui, dans la langue, n'aurait pu être que sévérité des verdicts, renoncement, violence séparatrice, se transforme dans la musique en ruse et faux-fuyant, protestation et ajournement. – La musique comme substitut de l'ordre moral ? La musique comme police d'un monde de plaisirs ? Oui, tel est bien l'éclat qui, dans l'interprétation de *La Vie parisienne*[1] par Kraus, se répand sur les anciennes salles de bal de la ville, la "Grande Chaumière" ou la "Closerie des Lilas". "Et l'inimitable duplicité de cette musique, qui consiste à tout dire simultanément avec un dièse et un bémol, à livrer l'idylle à la parodie et la moquerie au lyrisme ; la profusion de personnages musicaux prêts à tout, alliant douleur et plaisir – c'est là ce que ce don déploie, dans toute sa

1. Cf. Walter Benjamin, "Karl Kraus liest Offenbach" (1928), in *Gesammelte Schriften IV*, Francfort/Main, Suhrkamp, 1991, pp. 515-517.

richesse et sa pureté."[1] L'anarchie, en tant que seule constitution universelle qui soit morale et digne de l'homme, devient la vraie musique de ces opérettes. La voix de Kraus dit cette musique intérieure plus qu'elle ne la chante. Dans un sifflement strident, elle abat les sommets vertigineux de la stupidité, le grondement de son écho résonne depuis les abîmes de l'absurde et, tel le vent qui bourdonne dans la cheminée, elle fredonne dans les répliques de Frascata un requiem à la génération de nos grands-pères. – L'œuvre d'Offenbach connaît une crise mortelle. Elle se contracte, se débarrasse de tout élément superflu, traverse la dangereuse étendue de cette existence et en ressort sauvée, plus réelle qu'auparavant. Car là où s'élève cette voix versatile, les éclairs des enseignes lumineuses et le grondement du métro sillonnent le Paris des omnibus et de l'éclairage au gaz. Et l'œuvre le lui rend bien. La voici en effet qui devient un rideau que Kraus déchire, avec les gesticulations folles d'un vendeur à la criée qui accompagnent sa lecture de bout en bout, pour exposer d'un seul coup au regard son cabinet des horreurs.

1. Karl Kraus, "'Offenbach-Renaissance'", *Die Fackel*, n° 757-758, avril 1927, p. 47.

Les voici : Schober, Bekessy, Kerr et les autres numéros, non plus ennemis mais raretés, pièces héritées du monde d'Offenbach ou de Nestroy – non ! plus anciennes encore, plus exceptionnelles : pénates des troglodytes, génies domestiques de la bêtise venus de temps préhistoriques. Kraus, lorsqu'il récite, ne parle pas la langue d'Offenbach ou de Nestroy : ce sont eux qui parlent à travers lui. Et c'est seulement de temps à autre qu'un regard glaçant d'entremetteur, vide et brillant à la fois, s'abaisse sur la masse qui lui fait face, l'invite à l'union maudite avec les masques dans lesquels elle-même ne se reconnaît pas, et s'octroie une dernière fois le privilège malfaisant de l'équivoque.

Le satiriste apparaît alors enfin sous son vrai visage, ou plutôt sous son vrai masque. Celui de Timon, le misanthrope. "Shakespeare avait déjà tout prévu"[1] – certes. Mais il avait surtout prévu Kraus lui-même. Shakespeare dessine des formes inhumaines – dont Timon, la plus inhumaine entre toutes – et déclare : voici les créatures que la nature engendrerait si elle voulait créer ce que mérite le monde tel que vos

1. Karl Kraus, "Shakespeare hat alles vorausgewußt", *Die Fackel*, n° 686-690, mai 1925, pp. 1-18.

semblables l'ont façonné ; ce qui y proliférerait, ce qui lui échoirait. Timon est une créature de ce genre, au même titre que Kraus. Tous deux n'ont, et ne veulent, rien avoir à faire avec les hommes. "Voici Thierfehd : ici la condition humaine est rejetée"[1] ; c'est depuis un village perdu du canton de Glaris que Kraus jette ce gant à l'humanité et Timon ne veut savoir sur sa tombe que l'océan en larmes. Tout comme les vers de Timon, la poésie de Kraus se tient derrière le deux-points de la *dramatis persona*, du rôle. Un bouffon, un Caliban, un Timon – ni plus malin, ni plus digne, ni meilleur – mais qui est à lui-même son propre Shakespeare. Il faudrait considérer toutes les figures, telles qu'elles se massent autour de lui, comme ayant leur origine dans Shakespeare. Qu'il s'entretienne de l'homme avec Weininger, de la femme avec Altenberg, de théâtre avec Wedekind ou de nourriture avec Loos, du juif avec Else Lasker-Schüler ou du chrétien avec Theodor Haecker, Shakespeare reste partout le

1. Karl Kraus, "Landschaft (Thierfehd am Tödi, 1916)", *Die Fackel*, n° 437-442, octobre 1916, p. 73. Thierfehd est un village suisse ; le nom donne aussi à entendre *Thier* (ancienne orthographe de *Tier*, "l'animal") et *Fehde*, ("la querelle, la mise au défi") et pourrait donc être traduit par "la querelle animale".

modèle de Kraus. Sur ces terres-là, la puissance du démon n'a plus cours. L'entre-humain ou infra-humain en lui trouve son dépassement dans un inhumain véritable. Kraus y a fait allusion en ces termes : "Je possède une grande aptitude à la psychologie, qui s'articule à cette faculté plus grande encore de fermer les yeux sur un fait psychologique."[1] Par ces mots, Kraus revendique la dimension inhumaine de l'acteur : celle du cannibale. Car l'acteur, à chaque rôle, engloutit un homme et, dans les tirades baroques de Shakespeare – lorsque le cannibale se révèle le meilleur des hommes et le héros un acteur, lorsque Timon joue le riche et Hamlet le fou –, c'est comme si du sang perlait de ses lèvres. Ainsi Kraus s'est-il confectionné, sur le modèle de Shakespeare, des rôles dont il a léché le sang. La fermeté de ses convictions est persévérance dans un rôle, avec son lot de stéréotypes, et insistance sur ses répliques. Toutes ses expériences, sans exception, ne sont que cela : des répliques. C'est pourquoi il s'y accroche et les exige de l'existence, tel un acteur qui ne peut pardonner à son partenaire de ne pas lui donner la réplique.

1. Karl Kraus, *Nachts*, *Aphorismen (S8)*, p. 338.

Les procédés musicaux ont entièrement déserté les conférences sur Offenbach ou les récitations de couplets de Nestroy. Jamais la parole n'abdique en faveur de l'instrument; mais en repoussant toujours plus loin ses limites, il arrive qu'elle finisse par perdre son pouvoir, qu'elle se dilue dans la seule voix de la créature: un fredonnement qui est à la parole ce que le sourire est au *Witz* – voilà le summum de cet art de la récitation. Dans ce sourire, dans ce fredonnement où le monde se reflète paisiblement et humblement comme dans un lac de cratère entouré d'escarpements et de scories monstrueuses, se brise la profonde complicité qui unit Kraus à ses auditeurs et à ses modèles, et à laquelle ses propos n'ont jamais ménagé de place. Servir la parole comme il le fait n'autorise aucun compromis. Mais dès qu'elle a le dos tourné, le voici prêt à plus d'une audace. C'est alors que se fait ressentir l'attrait lancinant et toujours vif de ses conférences: voir s'anéantir la séparation entre esprits étrangers et familiers, observer la formation de cette masse homogène de faux amis qui donne le ton lors de ces réunions. Kraus se présente devant un monde d'ennemis, veut les contraindre à l'amour mais ne les contraint qu'à l'hypocrisie. Sa vulnérabilité à cet égard, il la doit à son dilettantisme subversif, en particulier dans ses récitations d'Offenbach. Kraus y relègue la musique dans des limites plus étroites que celles dont ont jamais rêvé les manifestes de l'école de George. Cela ne peut évidemment masquer l'opposition entre ces deux démarches langagières. Il existe bien plutôt une relation parfaite entre les facteurs déterminants qui permettent à Kraus d'aborder les deux pôles de l'expression linguistique – le pôle inoffensif du fredonnement et le pôle autrement plus belliqueux du pathos –, et ceux qui interdisent à sa sanctification de la parole de revêtir les formes du culte de la langue de George. Dans le va-et-vient cosmique qui, selon George, "divinise la chair et incarne le Dieu", la langue n'est qu'une échelle de Jacob aux dix mille mots-échelons. À l'inverse, la langue de Kraus s'est dépouillée de tout moment hiératique. Elle n'est ni le médium de la prophétie, ni celui de la domination. Théâtre de la sanctification du nom, elle s'oppose avec une certitude judaïque à la théurgie de la "chair du Verbe". Très tardivement, avec une détermination qui a dû mûrir pendant des années de silence, Kraus a affronté son confrère majeur, celui dont l'œuvre était née à la même époque que la sienne, avant le tournant du siècle. Le premier volume publié de George et la première édition de *Die Fackel* portent tous deux la date de 1899 comme année de parution. C'est seulement rétrospectivement, en 1929, que Kraus entreprit de l'invoquer dans son poème "Trente ans après". Face à Kraus dans le rôle de l'adorateur, George apparaît ici dans celui de l'adoré,

Qui habite le temple, d'où jamais il ne fut question
De chasser marchands ni changeurs,
Pharisiens ni scribes,
Qui assiègent le lieu et le cernent.

Le *profanum vulgus* loue celui qui renonce,
Qui jamais ne lui dit ce qu'il doit haïr.
Et celui qui a trouvé le but avant le chemin,
Celui-là ne venait pas de l'origine.[1]

"Tu es venu de l'origine – l'origine est le but"[2]: voici la promesse et la consolation

1. Karl Kraus, "Nach dreißig Jahren", in *Worte in Versen IX*, *Gedichte (S9)*, p. 633.
2. Karl Kraus, "Der sterbende Mensch", in *Worte in Versen I*, *Gedichte (S9)*, p. 68. Benjamin modifie légèrement la citation; Kraus écrit: "Tu demeuras à l'origine" ("*Du bliebst am Ursprung*").

que reçoit de Dieu l'"homme mourant". Kraus y fait ici allusion, et Viertel également lorsqu'il décrit à sa suite le monde comme "fausse route, égarement et détour ramenant au paradis"[1]. "Et c'est ainsi, poursuit-il dans ce passage central de son écrit sur Kraus, que je tente d'interpréter l'évolution de ce don étrange: l'intellectualité comme fausse route qui ramène [...] à l'immédiateté. La publicité – un égarement qui reconduit au langage. La satire – un détour vers la poésie."[2] Cette "origine" – qui marque les phénomènes du sceau de l'authenticité – est l'objet d'une découverte qui s'allie de façon unique à l'acte de reconnaître. Dans l'œuvre de Kraus, la scène philosophique de la reconnaissance se joue dans la poésie et s'exprime dans la rime. "Un mot qui ne ment jamais à l'origine"[3] et qui trouve son origine à la fin de la ligne, comme la béatitude trouve la sienne à la fin des temps. La rime – ce sont deux *putti* qui emportent le démon au tombeau. Ce dernier est tombé à l'origine parce qu'il était venu au

1. Berthold Viertel, *Karl Kraus*, *op. cit.*, p. 64.
2. *Idem.*
3. Karl Kraus, "Der Reim", in *Worte in Versen II*, *Gedichte (S9)*, p. 95.

monde androgyne, à la fois sexe et esprit. Son sabre et son bouclier – concept et culpabilité – lui ont glissé des mains pour devenir des emblèmes aux pieds de l'ange qui l'a achevé. Un ange poète, martial, le fleuret à la main, tel que seul Baudelaire l'a connu : *s'exerçant seul à sa fantasque escrime**,

Flairant dans tous les coins les hasards de la rime,
Trébuchant sur les mots comme sur les pavés,
*Heurtant parfois des vers depuis longtemps rêvés.** [1]

Certainement plus déchaîné aussi, "chassant ici une métaphore qui vient de disparaître, accouplant là des mots, pervertissant des phrases, épris de ressemblances, d'abus spirituels, d'entrelacs chiasmatiques, perpétuellement en quête d'aventures à vivre dans la joie et la douleur, impatient et inquiet" [2] . Ainsi le moment hédoniste de cette œuvre trouve-t-il enfin son expression la plus pure dans ce lien fantasque-mélancolique à l'existence, par lequel Kraus parvient, à partir de la tradition

1. Charles Baudelaire, "Le soleil", in *Les Fleurs du Mal*, Paris, Gallimard (Poésie), 1996, p. 122.
2. Karl Kraus, "Pro domo et mundo", in *Pro domo et mundo, Aphorismen (S8)*, p. 301.

viennoise des Raimund et Girardi, à une conception du bonheur aussi résignée que voluptueuse. Il faut garder celle-ci à l'esprit si l'on veut comprendre pourquoi il devait nécessairement s'opposer à l'élément dansant chez Nietzsche – sans parler de la rage avec laquelle l'inhumain devait se heurter au surhomme.

Dans la rime, l'enfant réalise qu'il est parvenu sur la crête du langage, d'où il entend toutes les sources murmurer dans l'origine. Là-haut, la créature est chez elle, elle qui, après tant de silences chez l'animal, tant de mensonges chez la putain, prend enfin la parole chez l'enfant. "Une tête bien faite doit être capable de se représenter la fièvre de l'enfance et l'ensemble de ses symptômes au point d'en avoir une hausse de température."[1] Par ce genre de déclarations, Kraus vise plus loin qu'il n'y paraît. Quoi qu'il en soit, il a lui-même mis cette exigence en pratique à tel point que l'enfant ne lui apparaît jamais comme l'objet mais, bien plutôt, à l'image de sa propre enfance, comme l'adversaire de l'éducation, éduqué par cette adversité et non par l'éducateur. "Ce n'est pas le bâton qu'il fallait supprimer,

1. Karl Kraus, "Sprüche und Widersprüche", in *Sprüche und Widersprüche, Aphorismen (S8)*, p. 176.

mais l'instituteur qui en fait mauvais usage."[1] Kraus ne veut rien d'autre qu'en faire meilleur usage. Sa philanthropie et sa compassion trouvent leurs limites dans ce bâton dont il sentit le bois dans cette même salle de classe à laquelle on doit ses meilleurs poèmes.

"Je ne suis qu'un des épigones" – Kraus est un épigone du livre de lecture. "Le Bénédicité du jeune garçon allemand"[2], "L'Épée de Siegfried"[3], "La Tombe du Busento"[4], "La Visite de l'empereur Charles à l'école"[5] – tous ces textes ont été ses modèles, tous ont trouvé, chez cet élève attentif qui les avait appris par cœur, une forme nouvelle. Ainsi "Les Chevaux de Gravelotte"[6] sont-ils passés

1. Karl Kraus, "Presse, Dummheit, Politik", in *Sprüche und Widersprüche, Aphorismen (S8)*, p. 85.
2. Karl von Gerok, "Das war einmal ein Jubeltag – Des deutschen Knaben Tischgebet" (1870), in Theodor Echtermeyer (éd.), *Auswahl Deutscher Gedichte für höhere Schulen*, Halle a. S., Verlag der Buchhandlung des Waisenhauses, 1903, p. 136.
3. Ludwig Uhland, "Siegfrieds Schwert" (1812), in *Gedichte*, Schauenburg, Lahr, 1949, p. 298.
4. August von Platen, "Das Grab im Busento" (1820), in *Gedichte*, Leipzig, Reclam, 1926, p. 21.
5. Karl von Gerok, "Wie Kaiser Karl Schulvisitation hielt" (1867), in Oskar Ludwig Bernhard Wolff (éd.) *Poetischer Hausschatz des Deutschen Volkes*, Berlin, Herlet, 1911, p. 447.
6. Karl von Gerok, "Die Rossen von Gravelotte" (1870),

dans les vers de "Vers la paix perpétuelle"[1], et même ses poèmes animés de la haine la plus ardente se sont embrasés au contact du "Feu dans la forêt"[2] de Hölty, qui illuminait les livres d'école de notre époque. Et si, au jour du Jugement dernier, devaient s'ouvrir non seulement les tombes mais aussi les livres de lecture, c'est sur l'air de "Que sonnent les trompettes ? Hussards, levez-vous !"[3] qu'en jaillira le vrai Pégase des petits avec, galopant sur son dos, momie ratatinée, poupée de chiffon ou d'ivoire jaunâtre, ce forgeur de vers exceptionnel, mort et desséché, cramponné à l'encolure de sa monture ; mais, brandissant son sabre à double tranchant, sa lame luisante comme ses rimes et acérée comme au premier jour, il traversera la forêt des journaux, et le sol sera jonché de perles de rhétorique.

in Heinrich Viehoff (éd.) *Handbuch der deutschen Nationalliteratur, Erster bis dritter Teil*, Nicosie, TP. Verone Publishing, 2016, p. 381.

1. Karl Kraus, "Zum ewigen Frieden", in *Worte in Versen IV, Gedichte (S9)*, pp. 267-268.

2. Ludwig Heinrich Christoph Hölty, "Das Feuer im Walde" (1783), in *Sämtliche Werke*. t. 1, Weimar, CreateSpace Independent Publishing Platform, 1914, pp. 235-237.

3. Ernst Moritz Arndt, "Das Lied vom Feld Marschall" (1813), in *Gedichte*, Leipzig, Reclam, ca. 1893, p. 82.

Jamais la langue ne fut plus nettement séparée de l'esprit, jamais plus intimement liée à l'Éros que dans ce jugement de Kraus : "Plus on regarde un mot de près, plus il nous regarde de loin."[1] Il s'agit d'un amour platonique de la langue. Mais la seule proximité à laquelle le mot ne peut échapper est la rime. Dans la langue de Kraus, la liaison érotique originaire entre proximité et distance se fait entendre : comme rime et nom. Comme rime, la langue s'élève depuis le monde de la créature ; comme nom, elle tire à elle toute créature vers le haut. Dans "Les Délaissés"[2], l'entrelacs intime de la langue et de l'Éros dont Kraus fit l'expérience s'est exprimé avec une grandeur impassible qui rappelle la perfection des épigrammes et des peintures sur vase de la Grèce antique. "Les Délaissés" – ils le sont les uns des autres. Mais, et c'est là leur grande consolation, ils le sont aussi ensemble. Ils s'immobilisent sur le seuil entre meurs et deviens[3]. La tête tournée en arrière, le désir fait ses adieux éternels

1. Karl Kraus, "Die Verlassenen", in *Worte in Versen V, Gedichte (S9)*, p. 297.
2. Karl Kraus, "Die Verlassenen", *id.*
3. Allusion à un célèbre vers de Goethe tiré du poème "Selige Sehnsucht" (1814) paru en 1819 dans le recueil poétique *West-östlicher Divan*. Trad. fr. : Johann Wolfgang

"d'une manière inouïe"; se détournant de lui, l'âme entre silencieusement dans l'inconnu "d'une manière inhabituelle"[1]. C'est ainsi qu'âme et désir sont délaissés ensemble, tout comme le sont Éros et langage ou nom et rime. – Le cinquième tome des *Worte in Versen* est dédié aux "Délaissés". Seule la dédicace les atteint encore, qui n'est rien d'autre que l'aveu d'un amour platonique qui n'expie pas son désir auprès de l'être aimé mais le possède dans le nom, et dans le nom le chérit. Ce nombriliste ne connaît d'autre renoncement à soi que le remerciement. Son amour n'est pas possession mais gratitude. Gratitude et dédicace; car remercier signifie placer des sentiments sous un nom. La manière dont l'aimée devient lointaine et scintillante, dont son éclat et sa petitesse émigrent dans le nom, telle est l'unique expérience de l'amour que connaissent les *Worte in Versen*. Et c'est pourquoi: "Il est facile de vivre sans femme. / Il est difficile d'avoir vécu sans femme."[2]

von Goethe, *Divan d'Orient et d'Occident*, trad. Laurent Cassagnau, Paris, Les Belles Lettres, 2012.

1. Karl Kraus, "Die Verlassenen", in *Worte in Versen v, Gedichte (S9)*, p. 297.

2. Karl Kraus, "Dank", in *Worte in Versen III, Gedichte (S9)*, p. 149.

À partir de la sphère linguistique du nom, et à partir d'elle seule, se déploie le procédé polémique fondamental de Kraus : la citation. Citer un mot signifie l'appeler par son nom. Ainsi l'activité de Kraus s'épuise-t-elle en atteignant son stade ultime : permettre que le journal lui-même puisse être cité. Kraus déplace celui-ci dans son propre espace, et soudain la phraséologie doit prendre conscience de ceci : même dans la lie la plus profonde du journal, elle n'est pas à l'abri de l'irruption de la voix qui, portée par le mot ailé, fond sur elle pour l'arracher à sa nuit. C'est un miracle si la voix sauve plutôt qu'elle ne châtie, comme lorsque, portée par le mot ailé de Shakespeare, elle s'approche de ces lignes où quelqu'un rapporte depuis le front d'Arras qu'au matin, dans l'arbre criblé de balles juste devant sa position, une alouette s'était mise à chanter. Une seule ligne, et pas même la sienne, un simple interlettrage, suffisent à Kraus pour descendre dans cet enfer en sauveur : "C'était le rossignol, et non l'alouette, qui chantait sur le g r e n a d i e r ."[1]

1. *Die Fackel*, 2 août 1916 (n° 431-436), p. 24. Cette citation est un collage de Benjamin à partir du titre de l'article et de la glose qui l'accompagne : "*Es war die Nachtigall und nicht die Lerche [...] Sie sang des Nachts auf dem*

Dans la citation qui sauve et châtie, la langue apparaît comme la matrice de la justice. Cette citation appelle le mot par son nom, l'arrache de manière destructrice à son contexte mais, par là même, le rappelle à son origine. Son apparition, sonore et harmonieuse, dans la trame d'un texte nouveau, ne rime pas à rien. En tant que rime, il rassemble le semblable dans son aura; en tant que nom, il reste solitaire et inexpressif. Devant le langage, les deux empires – origine et destruction – déclinent leur identité dans la citation. Et inversement: le langage ne trouve son accomplissement que là où ils s'interpénètrent – dans la citation. En elle se reflète le langage des anges, dans lequel tous les mots, débusqués du contexte idyllique du sens, sont devenus des devises au sein du Livre de la Création.

À partir de ses pôles – l'humanisme classique et l'humanisme réel –, la citation embrasse la totalité de l'univers culturel de cet auteur. Aux côtés de Shakespeare se tient Schiller, dont le nom est évidemment tu: "Il y a également de la noblesse dans le monde moral. Les natures vulgaires / payent au moyen de ce qu'elles font,

Granatbaum dort." Kraus lui-même cite la réplique de Juliette dans la scène 5 de l'acte III de *Roméo et Juliette.*

les natures nobles au moyen de ce qu'elles sont"[1] – en entremêlant noblesse seigneuriale et rectitude cosmopolite, ce distique classique marque le point de fuite utopique où l'humanité de Weimar se sentait chez elle et que Stifter fut le dernier à fixer. Selon Kraus, tout se joue dans la façon exacte de transposer l'origine dans ce point de fuite. Son programme consiste à rembobiner le fil des conditions bourgeoises capitalistes jusqu'à un état où celles-ci n'existaient pas. Mais il n'en reste pas moins le dernier bourgeois à prétendre tirer sa valeur de ce qu'il est, et le destin prend chez lui les traits de l'expressionisme parce que cette attitude avait d'abord fait ses preuves face à une situation révolutionnaire. C'est précisément parce que l'expressionnisme a tenté de se montrer à la hauteur non par son action mais par son être qu'il a gagné en densité et en rudesse. Il devint ainsi l'ultime refuge historique de la personnalité. La culpabilité qui l'accablait et l'innocence qu'il proclamait appartiennent toutes deux au fantôme de l'homme non politique ou "naturel", qui

1. Friedrich von Schiller, "Unterschied der Stände", in *Tabulae Votivae*, *Schillers Werke (Nationalausgabe)*, t. 2.1, Weimar, Böhlaus, 1983, p. 315.

surgit au bout de cette régression et que Marx démasqua. "L'homme en tant que membre de la société civile, écrit Marx, l'homme non politique, apparaît toutefois nécessairement comme un homme naturel. [...] La révolution politique dissout la vie civile en ses composants, sans révolutionner ces composants eux-mêmes ni les soumettre à la critique. Elle traite la société civile, le monde du besoin, du travail, de l'intérêt privé, du droit privé, comme les fondements de son existence [...] et, partant, comme sa base naturelle. [...] L'homme réel n'est reconnu que sous la forme de l'individu égoïste, l'homme véritable sous celle du citoyen abstrait. [...] C'est seulement lorsque l'homme individuel réel aura réintégré en lui le citoyen abstrait et qu'il sera devenu, en tant qu'homme individuel, un être générique dans sa vie empirique, dans son travail individuel, dans ses rapports individuels [...] et que, par conséquent, la force sociale cessera de se séparer d'elle-même sous la forme d'une force politique – c'est alors seulement que l'émancipation humaine sera accomplie."[1] L'humanisme réel, qui tient ici tête

1. Karl Marx, "Zur Judendfrage", *op.cit.*, pp.369-370.

à l'humanisme classique, se manifeste selon Kraus chez l'enfant, et l'être en devenir dresse son front contre l'idole, idéale et romantique, de l'être naturel et contre celle du citoyen modèle dévoué à l'État. C'est en pensant à cet être en devenir que Kraus a corrigé les livres de lecture ; il s'est intéressé surtout à l'éducation allemande qu'il a trouvée vacillante, livrée au roulis de l'arbitraire journalistique. D'où la "Poésie des Allemands" : "Celui qui peut, et non celui qui doit : voilà leur homme. / Ils se fourvoyèrent de l'essence à l'apparence. / Leur exemple poétique ne fut pas Claudius, / mais Heine."[1] Toutefois, le fait que l'être en devenir prend vraiment corps non dans la sphère naturelle mais dans celle de l'humanité et du combat pour l'émancipation, le fait qu'on le reconnaît à l'attitude que lui impose son combat contre l'exploitation et la misère, le fait qu'il n'existe aucune émancipation idéaliste mais seulement matérialiste du mythe et qu'on trouve à l'origine de la créature non la pureté mais la purification – tout cela a laissé très tardivement des traces dans l'humanisme réel de Kraus. C'est seulement en proie au

1. Karl Kraus, "Inschriften. Lyrik der Deutschen", in *Worte in Versen VI, Gedichte (S9)*, p. 385.

désespoir qu'il découvre dans la citation la force, non de conserver, mais de purifier, d'arracher au contexte, de détruire ; en elle seule réside encore l'espoir que quelque chose survive à cette époque – parce qu'on l'en aura arraché.

Cela se confirme donc : toutes les forces que cet homme a mises en jeu sont à l'origine des vertus bourgeoises ; ce n'est que dans la mêlée qu'elles ont pris leur aspect belliqueux. Mais déjà, plus personne n'est en mesure de les reconnaître ; plus personne n'est en mesure de saisir la nécessité qui fit de ce caractère grand-bourgeois un comédien, de ce gardien du patrimoine linguistique hérité de Goethe un polémiste, de cet homme de bien irréprochable un berserker furieux. Voilà qui devait toutefois arriver, puisqu'il envisageait de transformer le monde en commençant par sa propre classe, chez lui, à Vienne. Et lorsqu'il reconnut la vanité de son entreprise, il l'interrompit en plein milieu et remit l'affaire entre les mains de la nature ; la nature non pas créatrice cette fois, mais destructrice :

Arrête le temps ! Toi, Soleil, consomme tout !
Rends la fin grandiose ! Annonce l'éternité !
Lève-toi menaçant, que ta lumière gronde,

Que notre mort retentissante se taise !
Toi, cloche d'or, fonds dans ta propre
incandescence,
Fais-toi canon contre l'ennemi cosmique !
Jette lui ton feu au visage ! Si j'avais le pouvoir
de Josué,
Sache-le, Gibeon serait à nouveau ![1]

C'est sur cette nature déchaînée que se fonde le credo politique tardif de Kraus, assurément un contrepoint au credo patriarcal de Stifter, une profession de foi qui surprend de bout en bout mais vis-à-vis de laquelle demeure un seul fait incompréhensible, à savoir que *Die Fackel* ne l'a pas perpétuée en lettres capitales, et qu'il faut dénicher cette prose bourgeoise, la plus virulente de l'après-guerre, dans une brochure obscure de *Die Fackel*, datée de novembre 1920 :

"Ce que je veux dire – et pour une fois, je veux ici, avec cette engeance déshumanisée des propriétaires de terres et de sang et toute leur clique, je veux ici avec eux, parce qu'ils ne comprennent pas l'allemand et ne peuvent déduire ma véritable

1. Karl Kraus, "Gebet an die Sonne von Gibeon", in *Worte in Versen II*, *Gedichte (S9)*, p. 129.

opinion à partir de mes *Contredits*[1], je veux pour une fois parler allemand [...] – ce que je veux dire, c'est ceci : le communisme comme réalité n'est que l'antithèse de leur propre idéologie déshonorant la vie mais accordée par la grâce d'une origine idéale plus pure, un antidote complexe servant un dessein idéal plus pur – que le diable emporte sa *praxis*, mais que Dieu en préserve la menace constante qui plane sur ceux qui possèdent des biens et voudraient contraindre tous les autres à les défendre, sur ceux qui les poussent sur les fronts de la faim et de l'honneur patriotique, les consolant en affirmant que la vie n'est pas le bien suprême. Que Dieu nous le préserve afin que l'effronterie de cette vermine qui, déjà, ne sait plus à quel saint se vouer, ne s'aggrave pas encore, afin que la société de ceux-là seuls qui sont autorisés à jouir, ceux-là qui croient que l'humanité sous leur joug a son comptant d'amour lorsqu'ils lui refilent la syphilis, fassent au moins des cauchemars en allant se coucher ! Qu'au moins leur passe l'envie de prêcher la morale à leurs victimes et de rire à leurs dépens !"[2]

1. Karl Kraus, *Sprüche und Widersprüche*, *Aphorismen* (*S8*), pp. 7-178.
2. Karl Kraus, "Antwort an Rosa Luxemburg von einer Unsentimentalen", *Die Fackel*, n° 554-556, novembre 1920, p. 8.

C'est là un langage humain, noble, naturel – surtout à la lumière de cette déclaration mémorable de Loos : "Lorsque le travail humain réside uniquement dans la destruction, il s'agit alors, véritablement, d'un travail humain, noble, naturel."[1] Trop longtemps, on a mis l'accent sur le travail créateur. Seul est créateur en ce sens celui qui évite les ordres et le contrôle. Le travail soumis aux ordres et au contrôle – à l'exemple du travail politique et technique – est sale et crasseux, détruit le matériau, dégrade ses résultats, critique ses conditions, et forme en tout cela la contrepartie du travail du dilettante, qui jouit dans l'acte créateur. L'œuvre de celui-ci est pure et inoffensive ; l'œuvre magistrale est dévorante et purificatrice. C'est pourquoi l'inhumain se tient parmi nous, messager de l'humanisme réel. Il a surmonté la phraséologie. Il se solidarise non pas avec le sapin élancé, mais avec le rabot qui l'attaque, non pas avec le minerai noble, mais avec le fourneau qui l'affine. L'Européen moyen fut incapable d'unir sa vie à la technique parce qu'il s'agrippait au fétiche de l'existence créatrice. Il faut avoir talonné

1. Adolf Loos, "Die Moderne Siedlung" (1926), in *Sämtliche Schriften*, *op.cit.*, p. 403.

Loos dans son combat contre le dragon "ornement", avoir entendu l'espéranto stellaire des créatures de Scheerbart ou aperçu l'*Ange nouveau* de Klee, qui préfère libérer les hommes en les dépossédant que les rendre heureux en les comblant, pour pouvoir concevoir une humanité qui résiste à la destruction.

Car la justice aussi est destructrice, elle qui, par la destruction, met un coup d'arrêt aux équivoques constructives du droit ; c'est en destructeur que Kraus a rendu justice à sa propre œuvre : "C'est en guide que tous mes errements ferment la marche !" Tel est le langage de la sobriété, qui installe son pouvoir dans la durée, et déjà les écrits de Kraus ont commencé à s'y maintenir ; il pourrait les faire précéder de ce mot de Lichtenberg, placé en dédicace de l'un de ses plus profonds écrits : à "Sa Majesté l'Oubli"[1]. Voici à quoi ressemble désormais la retenue – plus audacieuse que l'ancienne affirmation de soi, qui s'était dissoute dans le narcissisme démonique. Ni la pureté ni le sacrifice ne se sont

1. Georg Christoph Lichtenberg, "An die Vergessenheit" (1771), in *Georg Christoph Lichtenberg's vermischte Schriften*, t. 3, Göttingen, Verlag der Dieterschen Buchhandlung, 1844, pp. 81-82.

rendus maîtres du démon; mais là où origine et destruction se conjuguent, c'en est fini de son règne. Devant lui se tient la créature qui l'a terrassé, mi-enfant mi-cannibale; non pas un homme nouveau, mais un être inhumain, un ange nouveau. Peut-être l'un de ceux dont le Talmud raconte qu'il s'en crée à chaque instant des kyrielles qui, ayant élevé leur voix vers Dieu, cessent aussitôt pour disparaître dans le néant. Plaintive, accusatrice ou exultante? Qu'importe – cette voix qui s'évanouit aussitôt est le modèle de l'œuvre éphémère de Kraus. Angelus – c'est lui le messager des gravures anciennes.

NOTE DES TRADUCTEURS

POLÉMISTE, satiriste, écrivain et homme de théâtre, Karl Kraus (1874-1936) s'est imposé dès la fin du XIXe siècle comme une figure intellectuelle incontournable non seulement à Vienne, sa ville, mais plus largement dans le monde germanophone. Il fonde en 1899 le journal *Die Fackel*, qu'il dirige jusqu'à sa mort et dont il est, à partir de 1912, l'unique contributeur.

D'après Gershom Scholem [1], Benjamin commence à s'intéresser à Karl Kraus dès 1916, introduit à l'œuvre de celui-ci par son ami Werner Kraft, et il lit régulièrement *Die Fackel* avec Scholem dans les années 1918-1919. Toutefois, c'est seulement à partir de 1928 – date à laquelle il se rend à une lecture d'Offenbach par Kraus – que Benjamin entreprend d'écrire sur l'auteur viennois. Benjamin rédige alors à son sujet quelques brèves contributions : le fragment "*Kriegerdenkmal*" dans *Einbahnstrasse*, paru en 1928 (*GS* IV, p. 121 ; "Monument aux morts", in *Rue à sens unique*,

1. Cf. Gershom Scholem, *Walter Benjamin. Histoire d'une amitié*, Paris, Calmann-Lévy, 1981, pp. 100-101.

trad. Anne Longuet Marx, Paris, Allia, 2015, pp. 72-74) ; le compte-rendu "*Karl Kraus liest Offenbach*" publié dans la *Literarische Welt* le 20 avril 1928 (*GS* IV, pp. 515-517) ; l'article "*Karl Kraus*" dans la revue hollandaise *i10* le 20 décembre 1928 (*GS* II, pp. 624-625), et enfin "*Wedekind und Kraus in der Volksbühne*" dans la *Literarische Welt* le 1er novembre 1929 (*GS* IV, pp. 551-553).

Ces publications préparent le grand essai de 1931, dont Benjamin commence à mentionner explicitement le projet dans sa correspondance dès le mois d'avril 1929. L'essai paraîtra dans la *Frankfurter Zeitung* en quatre livraisons les 10, 14, 17 et 18 mars 1931, selon un découpage qui ne respecte pas la tripartition originellement établie par l'auteur[1]. Une large partie de la troisième section sera également publiée au mois de mars 1931 sous le titre "*Offenbach*

1. Sur l'histoire éditoriale du texte, cf. Rolf Tiedemann et Hermann Schweppenhäuser, "Anmerkungen der Herausgeber", in Walter Benjamin, *Gesammelte Schriften* (*GS*), t. II, 3, Francfort/Main, Suhrkamp, (1977) 1991, pp. 1078 *sq*. On lira également avec profit l'article "'Karl Kraus'" d'Alexander Honoldt, dans le *Benjamin-Handbuch* (Burkhardt Linder (dir.), Stuttgard, Weimar, J. B. Metzler, 2011, pp. 522-539). L'essai sur Karl Kraus est repris dans le tome II des *Gesammelte Schriften* de Walter Benjamin, édition qui a servi de référence à la présente traduction.

– *gesehen von Karl Kraus*", dans les *Blätter der Staatsoper und der Städtischen Oper*, les cahiers de l'Opéra de Berlin, à l'occasion de la représentation de *La Périchole* d'Offenbach dans une version dont le texte avait été retravaillé par Kraus.

Le résultat se présente comme un portrait original du polémiste autrichien, mais aussi comme un condensé de thèmes variés chers à Benjamin. On y lit par ailleurs les prémices de l'intégration du matérialisme à sa pensée, notamment dans les passages de Marx (qu'il n'avait encore jamais cité jusqu'alors) qui émaillent le dernier chapitre.

L'essai surprend tant par sa forme que par son contenu. Si le titre laisse attendre un portrait, une critique ou une monographie, le texte se soustrait en réalité entièrement aux règles de ces genres littéraires. La description que livre Benjamin se meut constamment entre l'œuvre et la personne de Kraus et ne suit aucune trajectoire chronologique ou systématique, mais bien plutôt dialectique au sens proprement benjaminien du terme ; l'"homme universel" et l'"inhumain" en marquent les deux pôles, médiatisés par la figure du "démon". Citations et commentaires s'imbriquent à la façon d'un montage littéraire. D'une part, les nombreux extraits cités restituent la parole de Kraus de façon immédiate (même si certains propos rapportés subissent des altérations, souvent à peine perceptibles). D'autre part, Benjamin les tisse librement dans la trame de sa propre pensée et de ses préoccupations personnelles (la mystique juive, le Paris du Second Empire, l'expressionisme, etc.). Cette approche, à la fois hautement subjective et objective, donne au propos un caractère ouvert et parfois erratique, et apparaît comme la mise en pratique anticipée de la théorie de l'essai formulée en 1958 par Adorno dans *L'Essai comme forme*[1].

Karl Kraus fit au texte un accueil pour le moins réservé, ainsi qu'en témoigne sa conférence du 2 avril 1931, reprise le mois suivant dans *Die Fackel* (n° 852-856, mai 1931, pp. 27 *sq.*). Il eut manifestement du mal à se reconnaître dans le portrait brossé par Benjamin, dont il admet qu'il était "bien intentionné" tout en avouant ne pas l'avoir vraiment compris.

Trois ans plus tard, Karl Kraus déclarera, à la surprise générale, son soutien au coup antidémocratique mené par le chancelier

1. Theodor W. Adorno, *Notes sur la littérature*, traduit par Sibylle Muller, Paris, Flammarion, 1984, pp. 6-29.

autrichien Engelbert Dollfuss sous la bannière de l'austrofascisme. Benjamin prendra alors ses distances avec le satiriste, estimant dans une lettre à Werner Kraft du 27 septembre 1934 que "le démon a été plus fort que l'homme ou l'inhumain : il ne pouvait pas se taire et il a provoqué par là, en se trahissant lui-même, le naufrage du démon."[1]

1. Walter Benjamin, *Correspondance*, t. 2 (1929-1940), traduit par Guy Petitdemange, Paris, Aubier Montaigne, 1979, p. 130. Traduction légèrement modifiée.

TABLE DES MATIÈRES

ACHEVÉ D'IMPRIMER
DANS L'UNION EUROPÉENNE
POUR LE COMPTE DES ÉDITIONS ALLIA
EN FÉVRIER 2018

ISBN : 979-10-304-0841-6
DÉPÔT LÉGAL : MARS 2018